Mary Jones A'i Beibl

gan
June Bosanquet

(Troswyd i'r Gymraeg gan Ifor Wyn Williams)

Llundain
Y Gymdeithas Feiblaidd Frytanaidd a Thramor

This Edition © BFBS—1979
Original Text & Illustrations © The Bible Society in Australia
Incorporated 1976.
Published by The Bible Society,
146 Queen Victoria Street, London EC4V 4BX.

BFBS—1979—5M
ISBN 0 564 00710 2

Printed in Great Britain by
Fletcher & Son Ltd, Norwich

CYNNWYS

Pennod Un

Newydd Cyffrous

Agorodd Mari'i llygaid, a cheisiodd gofio pam roedd hi'n teimlo mor hapus. Edrychodd hi ar yr haul yn wincio ar wal ei hystafell. Sylwodd fod y cyrtan yn troi ychydig wrth i'r awel chwythu trwy'r ffenest. Neidiodd allan o'i gwely. Diwrnod marchnad oedd hi! ac roedden nhw'n mynd i Abergynolwyn i werthu'r brethyn roedd ei thad wedi'i wau. Fel arfer, fe fyddai'i thad yn mynd yno ar ei ben ei hun. Ond heddiw roedd Mari a'i mam yn cael mynd hefyd fel trêt arbennig.

Wrth iddi roi'i sgert amdani a gwthio'i thraed i'r clocsau pren, roedd hi'n meddwl pwy fyddai hi'n ei gyfarfod yn y farchnad, a beth fyddai hi'n ei weld. Fe fyddai'i ffrindiau yn y capel yno, ac roedd hi'n disgwyl y byddai hi'n treulio'r rhan fwyaf o'r diwrnod gyda nhw. Fe fyddai'i thad yn brysur iawn drwy'r dydd. Roedd yn bwysig ei fod yn cael cymaint o arian ag y medrai am y brethyn roedd e wedi gweithio mor galed yn ei wau. Fe fyddai'i mam gyda'r merched eraill, yn gwerthu wyau, yn prynu bwyd, ac yn ffeirio unrhyw bethau oedd ganddyn nhw i'w sbario.

Brysiodd Mari i'r gegin lle roedd ei mam wrthi'n gwneud brecwast. Yna helpodd Mari hi i baratoi'r bwyd i fynd gyda nhw ar eu siwrne. Roedden nhw'n

1

rhy dlawd i gael anifail i'w cario. Felly byddai'n rhaid iddyn nhw gerdded i'r dref ac yn ôl. Ond cerdded roedd pawb bron yn ei wneud, a doedden nhw'n meddwl dim o gerdded pellter hir.

"Diolch ei bod hi'n haul braf," meddai Mari wrth ei mam, "neu mi fase dad yn deud ein bod ni'n wirion i fynd. Rydw i bron â marw eisio gweld Beti ac Ewyrth Owain hefyd. Hynny ydy, os â nhw i'r dre. Gobeithio y byddan nhw'n mynd."

Roedd Mari a'i rhieni'n byw ym mhentref Llanfihangel yng ngorllewin yr hen Sir Feirionnydd. Fe gafodd hi'i geni yn y flwyddyn 1784 mewn bwthyn bychan gyda gardd fach wrth ei ymyl. Gwehyddion—

rhai'n gwau brethyn—oedd ei rhieni. Er eu bod nhw'n gweithio'n galed, roedden nhw'n dal i fod yn bobl dlawd. Fel plant Cymru i gyd yn yr amser hynny, gweithiai Mari'n galed hefyd. Yn y tŷ a'r ardd oedd ei gwaith hi, er mwyn i'w mam gael mwy o amser i helpu'i thad gyda'r gwau. Rhai'n dilyn Iesu Grist ac yn caru Duw oedd ei rhieni, Jacob a Moli Jones. Dysgodd y ddau ei merch am Dduw; ac ar y Sul fe fydden nhw'n mynd i'r capel lle byddai'r gweinidog yn darllen y Beibl Cymraeg. Fe fydden nhw'n ceisio cofio geiriau'r Beibl, ac yna yn eu dweud wedyn wrth iddyn nhw weddio gyda'i gilydd yn eu cartref.

Bob nos yn ystod yr wythnos ar ôl gorffen eu gwaith, fe fydden nhw'n mynd i'r capel i astudio'r Beibl gyda Mr. Hugh, y gweinidog, ac i ganu'r emynau tlws. Yr amser hynny—fel heddiw, roedd pobl Cymru'n barod iawn i ganu. Wrth i Mari weithio yn yr ardd neu olchi'r llestri, fe fyddai hi'n canu yn ei llais clir, ac yn aml byddai'i rhieni'n canu gyda hi.

Y bore braf hwnnw wrth iddyn nhw gerdded i Abergynolwyn roedd Mari a'i rhieni'n canu'r hen emyn "Arglwydd, arwain trwy'r anialwch". Fe wnaeth y canu i'r daith edrych yn llai o lawer, ac fe gymrodd pob un ei dro i gario'r fasged gyda'r bara a chaws a fyddai'n ginio iddyn nhw.

Tra oedden nhw yn y dref fe glywodd Jacob a Moli Jones rywbeth cyffrous iawn. Fe glywson nhw e gynta gan y ffermwr, Owen Evans, ac yna gan y pobydd, John Jones. Fe ddywedodd y ddau y byddai ysgol yn agor ymhen tair wythnos. Roedd Mari bron â methu â chredu y byddai yno ysgol o'r diwedd i ddysgu plant i ddarllen! Roedd hi wedi dymuno lawer gwaith y byddai hi'n medru darllen, ond doedd hi erioed wedi dychmygu y byddai hynny'n bosibl iddi hi. Fe glywodd hi am ysgolion yn cael eu hagor mewn trefi eraill, ond nawr fe fyddai un yn ddigon agos iddi hi fynd yno.

4

Fe siaradodd gyda'i ffrind, Beti Evans, am y peth.

"Meddyliwch am fedru darllen," meddai Mari. "Wedyn pan fyddwn ni'n mynd i'r capel ar y Sul, mi fedrwn ni ddarllen y Beibl ein hunain."

"Ydych chi'n credu bod yna ysgol yn dod yma?" gofynnodd Beti. "'Falle mai dim ond stori ydy'r cwbwl. Gwell i ni beidio ag edrych ymlaen gormod."

Roedd Mari'n fwy gobeithiol. "Ond mae mam a nhad wedi dweud wrtho i. Fe glywson nhw'r newydd y bore yma. Ac fe wn i'n iawn, fydden nhw byth yn dweud dim am y peth wrtho i heb fod yn siwr." Gafaelodd hi ym mraich Beti, ac edrych i'w llygaid. "Beti, fedra i ddim disgwyl! Meddyliwch amdano fe—mi fedrwn ni weld ein gilydd bob dydd yn yr ysgol. Ac mi fedrwn ni ddarllen gyda'n gilydd gartre —os cawn ni Feibl byth." Edrychodd Mari'n ddifrifol. "Ond mae Mr. Hugh yn dweud does yna ddim ond ychydig o Feiblau yng Nghymru i gyd. Felly does yna fawr o obaith i ni gael un byth. A hyd yn oed os medrwn ni gael un mi fydd yn costio'n ofnadwy." Fe feddyliodd hi am ennyd. "Ond wnawn ni ddim poeni am hynny," meddai hi'n sydyn. "Gawn ni ddysgu darllen gynta. A 'falle wedyn fe wnaiff rhywbeth rhyfeddol arall ddigwydd."

Pennod Dau

Y Penderfyniad

Doedd Mari Jones byth yr un fath ar ôl y diwrnod marchnad hwnnw yn Abergynolwyn. Fe grefodd hi ar ei thad i ffeindio beth ddylai hi'i wneud er mwyn cael mynd i'r ysgol newydd. Roedd yn rhaid iddo wneud yn siwr ym mha le a pha bryd y byddai'r ysgol yn agor. Roedd yn rhaid iddo ffeindio beth ddylai hi fynd gyda hi, pa mor hir fyddai pob gwers, a phwy arall fyddai'n mynd yno heblaw Beti Evans a hithau.

Roedd disgwyl tair wythnos fel tri mis i Mari, er bod ganddi ddigon o bethau i'w gwneud i lenwi'r amser. Doedd dim rhaid cael dillad arbennig i'r ysgol, ond roedd yn rhaid i Mari gael ei dillad i gyd yn barod—yn lân ac wedi'u smwddio'n ofalus. Fe wnaeth hi fag bach i gario'i chinio ynddo, ac fe drwsiodd hi ymyl ei siôl. Ar ben hynny, roedd ganddi bethau ychwanegol i'w gwneud o gwmpas y tŷ. Roedd arni eisio clirio'r chwyn o'r ardd er mwyn i'r lle fod yn dwt pan fyddai hi yn yr ysgol. Fe wnaeth hi'n siwr fod nythod yr ieir i gyd yn lân, ac fe olchodd hi'r llenni ar bob ffenest yn y tŷ. Trwy'r amser wrth iddi weithio, roedd Mari'n canu am ei bod hi'n teimlo mor hapus.

Y Parchedig Thomas Charles a drefnodd yr ysgol y byddai Mari'n mynd iddi. Ychydig flynyddoedd cyn hynny fe ddaeth e i fyw i'r Bala-tref a oedd rhyw ddau ddeg pump milltir i'r dwyrain. Roedd e wedi astudio i fod yn offeiriad, a daeth yn bregethwr a oedd yn teithio o amgylch y wlad. Wrth iddo deithio, fe sylwodd cyn lleied roedd y bobl gyffredin yn ei wybod am y Beibl. Ac fe gafodd ei boeni wrth weld cymaint o fechgyn yn rhedeg yn wyllt mewn giangiau, am nad oedd ganddyn nhw ddim i'w wneud.

Felly yn y flwyddyn 1785 fe ail-ddechreuodd e'r syniad o gael ysgolion yn symud o le i le. Doedd neb wedi bod yn eu trefnu nhw ers chwe blynedd. Eu pwrpas nhw oedd helpu pobl i ddysgu darllen y Beibl. Fe fyddai'r ysgolion yn cael eu cynnal yn adeiladau'r eglwysi yn y gaeaf pan oedd y plant ddim yn gorfod helpu yn y caeau. Roedd yr ysgol ar agor am dair neu bedair awr bob dydd. Mewn rhai lleoedd byddai'n agor yn y nos hefyd i oedolion. Wedi i'r ysgol fod yn un lle am fis neu ddau, fe fyddai'n symud ymlaen i le arall.

Roedd Mari wedi clywed am y Parchedig Thomas Charles, ac roedd rhai o'r bobl yn y pentref hyd yn oed yn dweud eu bod nhw wedi'i weld e ar gefn ei geffyl. Ym meddwl Mari fe oedd y dyn mwyaf yn y byd. Yn aml roedd hi wedi gobeithio cael ei gyfarfod e er mwyn diolch iddo am yr ysgol.

Pan ddaeth y diwrnod o'r diwedd i Mari fynd i'r ysgol, roedd hi'n ddigon tebyg rywsut i fynd i'r capel ar y Sul. Roedd yr ysgol yn cael ei chynnal yn yr un lle, a phlant a phobl ifanc y capel oedd llawer o'r rhai oedd yno. Naw oed oedd Mari, ond doedd hi ddim yn meddwl fod hynny'n hen i ddechrau mynd i'r ysgol. Doedd y rhan fwyaf o'r bobl yn yr ardal erioed wedi bod mewn ysgol. Fedrai'i mam na'i thad ddim darllen, felly roedd hi'n teimlo'n bwysig iawn.

Ar y ffordd i'r ysgol ar y diwrnod cynta, fe geisiodd Mari ddychmygu sut y bydden nhw'n dysgu iddi hi ddarllen. Rhyfeddod oedd e iddi hi fod marciau bach duon—wedi'u hysgrifennu gan rywun doedd hi ddim yn ei adnabod—yn gallu dweud rhywbeth wrthi. Fedrai hi ddim cyrraedd yr ysgol yn ddigon buan, ac roedd y daith o ddwy filltir yn ymddangos iddi'n un hir iawn. Ar y ffordd fe welodd hi Beti Evans, a oedd yn teimlo mor hapus ac awyddus â Mari.

Mr. John Ellis oedd enw'r athro. Yn syth wedi iddo fe agor yr ysgol, fe roddodd e lechen mewn fram bren a phensil arbennig i bob disgybl. Yna fe ddechreuon nhw ddysgu ysgrifennu llythrennau, ac wedyn dysgu sut i'w rhoi nhw wrth ei gilydd i wneud geiriau. Am fod gan Mari a Beti gymaint o ddiddordeb yn y cwbl, fe aeth yr amser heibio'n gyflym iawn iddyn nhw.

Ar ôl ychydig ddyddiau dechreuodd Mr. Ellis ddarllen geiriau syml o'r Beibl Cymraeg. Yna fe ddysgodd e'r dosbarth i ysgrifennu'r geiriau, ac i'w dweud nhw gyda'i gilydd. Yn fuan iawn roedden nhw'n gallu darllen brawddeg o'r llyfr mawr ar y ddesg ym mhen blaen y dosbarth. Beibl anferth oedd y llyfr, mewn cas tew o ledr a chlesbyn pres arno. Roedd e'n llyfr mor werthfawr fel bod pawb yn ei drin gyda gofal mawr.

Un diwrnod gofynnodd Mr. Ellis i Mari gymryd ei thro i ddarllen o flaen y dosbarth. Fe godod hi glawr y Beibl yn ofalus a throi'r tudalennau'n araf. Ar hyd yr amser roedd hi'n meddwl mor rhyfeddol oedd e ei bod hi'n gallu darllen geiriau a ddaeth oddi wrth Dduw.

Am amser go hir wedi iddi orffen darllen, roedd Mari'n dal i feddwl am y Beibl mawr. Peth mor drist oedd e, meddyliodd hi, fod cyn lleied o'r Beiblau yng Nghymru. Ac mor fach, meddyliodd hi'n ddigalon, oedd ei gobaith hi o gael un byth iddi hi'i hun. Ond ymhell ar ôl i'r gwersi orffen, fe arhosodd y syniad o gael ei Beibl ei hun. Wrth iddi gerdded adref, aeth ei meddwl dros y geiriau a ddarllenodd hi, a'r pleser gafodd hi wrth fedru'u darllen nhw. Ac wrth iddi hi feddwl am hynny, fe aeth hi i ddymuno mwy a mwy cael ei Beibl ei hun.

Pan gyrhaeddodd hi adref, roedd hi mor ddistaw yng nghanol ei meddyliau fel y tybiodd ei rhieni fod rhywbeth o'i le arni.

"Be sy'n eich poeni chi, Mari?" gofynnodd ei thad. "Rydych chi'n ddistaw iawn. Gawsoch chi eich siomi yn yr ysgol heddiw?"

Gwenodd y ferch. "O, naddo! Fe ddigwyddodd rhywbeth rhyfeddol. Fe ofynnodd Mr. Ellis i mi ddarllen y Beibl i'r dosbarth, ac fe wnes i. Ond . . . fe wnaeth e fi deimlo'n anhapus rywsut."

"O, pam?" gofynnodd ei thad.

"Wel, oherwydd does gynnon ni ddim Beibl yma," atebodd Mari. "Dydw erioed wedi bod eisio dim byd cymaint ag yr ydw i eisio fy Meibl fy hun."

11

Peidiodd ei thad â gwau, a throdd i edrych ar ei ferch. "Fe fyddai'n beth ardderchog i ni i gyd petai gynnon ni Feibl yn y tŷ yma. Ond fe wyddoch chi eu bod nhw'n ddrud iawn. Dim ond pobol gyfoethog sy'n medru' fforddio'u prynu nhw . . ."

"Fe wn i," meddai Mari ar ei draws. "Ond fe fedrwn i weithio'n galed i hel arian, hyd yn oed os bydd e'n cymryd blynyddoedd i mi. Hyd yn oed os bydd e'n cymryd fy mywyd i i gyd i hel yr arian, mi fydd yn werth e."

Daeth ei mam i mewn o'r ardd. Roedd hi wedi clywed y cyffro yn llais ei merch. "'Falle y medrwch chi, cariad," meddai hi. "Mae e'n siwr o gymryd amser hir, ond mae'n werth treio. Does gan eich tad a finna ddim llawer o arian, ond mae'n bosib y medrwn ni eich helpu chi gyda rhywbeth bach weithiau. I ddechrau mi fedrwn i roi dwy iâr i chi . . ."

"O, mam, rydw i'n siwr y medra i ei wneud e—y medrwn *ni* ei wneud e! Mae rhoi'r ieir yn syniad ardderchog. Dwy iar! Mi fedra i werthu'r wyau!" Rhedodd at ei mam a rhoi'i breichiau amdani.

Roedd llygaid y tad yn sgleinio wrth wylio'r ddwy. "A beth am i chi gael un o fy nghychod gwenyn i?" gofynnodd e. "Fyddai hynny'n helpu hefyd?"

Roedd Mari mor hapus nes ei bod hi'n neidio i fyny ac lawr wrth siarad. "Mêl ac wyau i'w gwerthu!" meddai hi. "Rydw i'n teimlo'n gyfoethog yn barod!"

12

Pennod Tri

Cael Benthyg Beibl

Wedi i Mr. Ellis fod yn dysgu'r plant am rai wythnosau, fe benderfynodd e agor ysgol Sul er mwyn dysgu oedolion a phlant am y Beibl. Fe ddaeth teuluoedd cyfan i gael eu dysgu. Roedd Mari'n falch fod ei rhieni yn dod gyda hi. Yn ddistaw yn ei meddwl, roedd hi'n gobeithio y byddai Mr. Ellis yn gofyn iddi ddarllen. Wedyn fe fyddai'i rhieni'n gallu clywed mor dda roedd hi'n gwneud.

Ar y dydd Sul cynta, fe ddywedodd Mr. Ellis wrth y rhieni fod y plant wedi dysgu'n dda yn yr ysgol. Dywedodd y byddai e'n gofyn i rai o'r plant ddarllen yn ystod yr ysgol Sul. Teimlodd Mari'i chalon yn curo'n gyflymach a'i thafod yn glynu wrth dop ei cheg. 'Falle ei fod e'n mynd i ofyn iddi hi ddarllen wedi'r cwbl. Dechreuodd hi ddychmygu beth fyddai hi'n ei wneud petai Mr. Ellis yn gofyn iddi, pan glywodd hi e'n dweud,

"Mae Mari wedi dysgu'n gyflym iawn. Fe wnawn ni ofyn iddi hi gynta. Mae hi'n mynd i ddarllen y wers gynta o'r Salmau."

Trodd pawb i edrych ar Mari. Wedi iddi godi'n frysiog ar ei thraed, fe aeth hi at y Beibl a'i agor e. Gwelodd y bobl hi'n disgwyl am ennyd nes iddi gofio lle roedd y Salmau yn y llyfr mawr. Yna fe gymrodd hi'i gwynt yn ddwfn cyn dechrau darllen.

13

"Mi fydda i'n darllen o Salm 105," meddai hi.

"Clodforwch yr Arglwydd;
gelwch ar ei enw;
mynegwch ei weithredoedd ym mysg y bobloedd.
Cenwch iddo, canmolwch ef;
ymddiddenwch am ei holl ryfeddodau ef."

Wrth i Mari fynd i eistedd i'w lle, fe aeth si trwy'r ystafell. Roedd hi'n rhy swil i edrych ar ei mam a'i thad, ond fe wyddai hi eu bod nhw wedi'u plesio. Ar ddiwedd yr ysgol Sul fe ddaeth rhai o'r bobl at Mari i ddweud mor dda roedd hi wedi darllen. Un ohonyn nhw oedd gwraig i ffermwr, Mrs. Evans.

"O, Mari," meddai hi, "mor braf oedd eich clywed chi'n darllen mor dda. Rydyn ni'n ddigon ffodus i gael copi o'r Beibl Cymraeg yn ein cartre ni. Roeddwn i'n meddwl tybed a fuasech chi'n hoffi dod i'n tŷ ni weithiau i ddarllen y Beibl eich hun."

Roedd yn anodd i Mari gredu beth glywodd hi.

"O, Mrs. Evans," meddai hi, "fe fyddai hynny'n ardderchog! Rydw i eisio cael fy Meibl fy hun yn fwy na dim. Ac rydw i am weithio i hel arian i mi fedru prynu un, hyd yn oed os bydd e'n cymryd blynyddoedd. Ond, wrth gwrs, does gen i ddim Beibl nawr, ac mi faswn i'n falch iawn o gael dod i ddarllen eich Beibl chi."

"Wel," meddai Mrs. Evans, "wnewch chi drefnu gyda'ch mam pa bryd fydd yr amser gorau i chi ddod, ac fe gawn ni siarad am y peth eto yr wythnos nesa."

14

Siaradodd Mari gyda'i rhieni am y newydd rhagorol ar y ffordd adre. Ac fe ganmolodd y ddau hi am iddi ddarllen mor dda.

"Rydyn ni'n falch iawn ohonoch chi," meddai'i thad. "Mae eich mam a finna wedi penderfynu dysgu darllen yn yr ysgol Sul. Felly, pan gewch chi eich Beibl ryw ddydd, fe fyddwn ni i gyd yn medru'i ddarllen e gyda ein gilydd."

Fe benderfynodd Mari a'i mam mai prynhawn dydd Sadwrn fyddai'r amser gorau iddi fynd at Mrs. Evans i ddarllen y Beibl.

"Mi fydd yn help i mi fod yn barod am yr ysgol Sul y diwrnod wedyn," meddai Mari. Ond, wrth gwrs, roedd hyn yn golygu bod rhaid iddi hi weithio'n galetach ac yn fwy cyflym ar fore Sadwrn. Roedd yn rhaid i'r dillad fod yn barod erbyn y Sul, a'r bwyd wedi'i baratoi er mwyn iddyn nhw allu bod yn y capel mewn pryd. Hefyd roedd yn rhaid twtio'r tŷ a glanhau cytiau'r ieir. Yna, wedi iddi helpu'i mam i olchi'r llestri cinio, fe frysiodd hi i dŷ Mrs. Evans.

Teimlai Mari'n bwysig wrth gael ei harwain i ystafell fawr. Yno, ar fwrdd bach, roedd y Beibl yn cael ei gadw gyda lliain drosto. Fe adawodd Mrs. Evans hi ar ei phen ei hun. Doedd yna ddim ffws. Gan ei bod hi'n gallu darllen, roedd hi'n cael ei thrin fel rhywun wedi tyfu i fyny. Ac fe gymrodd hi ofal i gofio sut roedd popeth wedi'i osod, er mwyn iddi eu gadael fel y cafodd hi nhw.

Roedd y Beibl yn ei dwylo. Ble roedd hi am
ddarllen gynta? Penderfynodd ar y Salm ddarllenodd
hi yn yr ysgol Sul. Wedi'r cwbl, oherwydd bod
Mrs. Evans wedi'i chlywed hi'n darllen y Salm
honno y cafodd hi ddod yno i ddarllen y Beibl fel
hyn. Trodd hi'r tudalennau'n ofalus nes iddi gael
hyd i'r Salm. Yna fe ddarllenodd hi'r geiriau eto.

"Clodforwch yr Arglwydd;
    gelwch ar ei enw;
    mynegwch ei weithredoedd ym mysg y bobloedd.
    Cenwch iddo, canmolwch ef;
    ymddiddenwch am ei holl ryfeddodau ef."

16

Wrth iddi ddarllen, teimlai Mari'n llawn hapus-rwydd. Roedd arni eisio dweud diolch i Dduw am ei wneud e'n bosibl iddi allu darllen, ac i Mrs. Evans am roi benthyg Beibl iddi.

Wedyn fe ffeindiodd hi'r bennod roedden nhw'n ei dysgu yn yr ysgol Sul, a'r un roedd Mr. Hugh yn ei dysgu iddyn nhw yn ystod yr wythnos. Pennod oedd honno o Lythyr Paul at y Rhufeiniaid. Yna fe benderfynodd hi ddysgu adnod i'w dweud wrth ei thad a'i mam. Os byddai hi'n dewis adnod a oedd yn newydd i'w rhieni hefyd, fe allai hi ei dysgu iddyn nhw. Fe dewisodd eiriau o Ioan Pennod 14.

"Os yw dyn yn fy ngharu, bydd yn cadw fy ngair i, a bydd fy Nhad yn ei garu ef, ac fe ddown ato ef a gwneud ein trigfa gydag ef."

Fe aeth hi dros y geiriau eto ac eto, ac yna cuddiodd nhw o dan ei llaw i weld os oedd hi'n ei gwybod nhw i gyd.

Yn fuan daeth yn bryd iddi fynd adre. Gosododd hi'r lliain yn dyner dros y Beibl, ac fe wthiodd hi'r gadair yn ôl yn erbyn y bwrdd. Wedi iddi wneud yn siwr fod popeth fel y cafodd hi nhw, fe aeth Mari i ddiolch i Mrs. Evans, ac i ffarwelio â hi.

17

Pennod Pedwar

Gwaith Caled I Mari

Wnaeth yr ysgol a ddechreuodd Mr. Ellis yn Abergynolwyn ddim parhau yno am fwy na thri mis. Roedd e wedi'i drefnu bod yr ysgol yn cau cyn y gwanwyn. Fe ddigwyddodd hyn er mwyn i'r plant fod yn rhydd i helpu gyda'r gwaith ychwanegol ar y ffermydd. Bellach gallai'r rhan fwyaf ohonyn nhw ddarllen. A byddai'r rhai oedd o ddifrif yn dal i ymarfer darllen rhag iddyn nhw anghofio beth oedden nhw wedi'i ddysgu.

Roedd Mari'n dal i fynd i fferm Mrs. Evans bob dydd Sadwrn, ac i astudio'r Beibl yn y dosbarth bob nos yn ystod yr wythnos. Wrth gwrs, fe fyddai hi'n darllen o'r Beibl bob tro y cafodd hi gyfle i wneud. Ond nawr, gan fod mwy o waith ar y ffermydd, roedd hi'n brysur iawn. Heblaw helpu'i rhieni, roedd arni eisio gweithio i ennill arian i brynu ei Beibl.

Ond yr amser hynny roedd cyflogau yn fach. Ychydig iawn o arian oedd gan bobl i'w sbario, a doedd plant ddim yn derbyn arian poced fel y maen heddiw. A phan fydden nhw cael tipyn o arian roedd yn rhaid ei ddefnyddio i helpu'u rhieni i brynu bwyd a dillad. Ond roedd Mari'n ffodus fod ei rhieni hi'n fodlon iddi gadw'r arian y byddai hi'n ei ennill.

Fe wnaeth ei thad focs pren i Mari roi'r darnau

arian ynddo. Weithiau fe fyddai hi'n dod â'r bocs i lawr oddi ar y silff a'i ysgwyd. Ychydig iawn o arian oedd y tu mewn iddo, ac fe wnaeth hynny iddi deimlo'n ddigalon. Roedd y diwrnod y byddai ganddi ddigon o arian i brynu'i Beibl yn edrych mor bell i ffwrdd o hyd. Fedrai hi byth ddisgwyl mor hir. Yna fe gofiodd fel roedd hi wedi dweud na fyddai dim ots ganddi petai'n cymryd ar hyd ei hoes iddi hel digon o arian.

Roedd yna un ffordd sicr y gallai Mari ennill arian. A honno oedd trwy wau sanau a'u gwerthu yn y dref. Yn amser Mari fe fyddai merched a genethod yng Nghymru yn brysur yn gwau sanau.

Rhai hir oedd y rheini, a chynnes a lliwgar. Er mwyn peidio â gwastraffu munud, fe fyddai'r merched yn gwau wrth gerdded, neu unrhyw bryd pan fyddai'u dwylo nhw'n rhydd. Roedd Mari wedi arfer gwau sanau iddi hi'i hun, ac weithiau i'w mam a'i thad. Ond nawr roedd hi'n gwau cymaint o sanau ag y gallai hi. Yna roedd ei thad yn mynd â'r sanau gydag e pan fyddai'n mynd â'i frethyn i'r dref lle roedd y farchnad. Wedyn fe fyddai'r sanau'n cael eu gwerthu yn Lloegr.

Ar ôl palu rhan o'r ardd, fe blannodd Mari'r planhigion gafodd hi gan ei thad. Wrth iddi blannu, fe feddyliodd hi am y bobl a fyddai'n prynu'r llysiau wedi iddyn nhw dyfu. Roedd Mrs. Evans yn prynu rhai o wyau Mari, er bod gan Mrs. Evans ddigon o wyau ar ei fferm. Ond roedd arni eisio helpu Mari i hel yr arian.

Pan fyddai'i thad yn cymryd y mêl o'i gychod gwenyn, fe fyddai e'n casglu'r mêl yng nghwch gwenyn Mari hefyd. Wedyn fe fyddai Mari'n mynd gydag e i Abergynolwyn i'w helpu i gario'r mêl. Doedd gwerthu hwnnw ddim yn anodd; ac fe fyddai ysbryd Mari'n codi wedi iddi ddod yn ôl adref a gweld faint o ddarnau arian oedd ganddi i'w gollwng i'r bocs bach pren.

Wrth i'r haf ddod, ac wrth i'r cnydau dyfu, fe ddechreuodd y ffermwyr gyflogi pobl i'w helpu i hel y cynhaeaf. Fe ofynnwyd i Mari helpu ar fferm agos am ddwy geiniog y dydd a'i bwyd. Am y tâl hwn roedd yn rhaid iddi weithio heb orffwys ar hyd y dydd nes ei bod hi'n tywyllu. Gan ei bod hi'n dal i fod yn ifanc iawn, fe wnaeth y gwaith trwm a hir i'w chorff flino a brifo.

Ond wnaeth hi ddim ildio o gwbl. Doedd ganddi byth geiniog i'w gwario arni hi'i hun. Ac roedd hi wedi gwnio cymaint o glytiau ar ei dillad, fel doedd dim posib iddyn nhw ddal un clwt arall. Fe wnaeth hi bopeth y gallai hi i beidio â gwario er mwyn iddi fedru cael mwy o arian i'w roi yn ei bocs. Yn aml roedd hi'n ddigalon, ac yn teimlo na fyddai hi byth yn hel digon o arian. Wedyn fe fyddai Mari'n cofio eto y pleser roedd hi'n ei gael bob dydd Sadwrn gyda'r Beibl yn nhŷ Mrs. Evans. Ac yna roedd hi mor siwr ag erioed bod rhaid iddi gael ei Beibl ei hun. Fe fyddai cael un werth yr holl waith a'r disgwyl hir i gyd.

Pennod Pump

Diwrnod Rhyfeddol

Fe weithiodd Mari a chadw'i harian i'w roi yn ei bocs bach am chwe blynedd! Chwe haf o weithio yn y cynhaeaf ar ddyddiau poeth hir a'r gwaith yn galed. Chwe gaeaf o wau; chwe blynedd o dyfu llysiau a gwerthu wyau a mêl. Chwe blynedd o feddwl bob hyn a hyn na fyddai hi byth yn gallu prynu Beibl. Ond un diwrnod fe ddigwyddodd rhywbeth rhyfeddol iawn.

Roedd Mari wedi troi un deg pump oed, ac roedd y gaeaf drosodd bron. Fe wagiodd hi'r darnau arian yn y bocs ar fwrdd y gegin i'w cyfri nhw. Fe wnaeth gymaint ohonyn nhw sŵn mawr wrth ddisgyn a rholio ar bren y bwrdd. Wedi i Mari'u rhannu nhw'n bentyrrau bychain, fe ddechreuodd hi'u cyfri nhw. Wrth iddi wneud hyn roedd hi'n meddwl tybed a fyddai ganddi ddigon o'r diwedd. Ond eto fedrai hi ddim credu hynny ychwaith. Wedi iddi gyfri'r pentwr olaf, ac yna adio'r cwbl, fe waeddodd hi ar ei rhieni a oedd yn gwau mewn ystafell arall.

"Dewch ar unwaith! Rydw i wedi cyfri'r arian, ac rydw i'n siwr fod gen i ddigon bron i brynu fy Meibl i!"

Brysiodd ei thad a'i mam i mewn i'r gegin fach.

"Gwell i chi'u cyfri nhw eto, nhad," meddai Mari. "'Falle mod i wedi gwneud camgymeriad."

Eisteddodd Jacob Jones ar stôl o flaen yr arian a

dechreuodd eu cyfri nhw eto. Roedd Mari a'i mam yn disgwyl yn awyddus iddo fe orffen. Wrth i'w thad gyfri'r arian roedd e'n symud ei ddwylo dros y darnau ac yn mwmian yn uchel.

"Na, Mari fach," meddai e gan wenu, "rydych chi wedi adio'n iawn. Rydych chi mor agos i gael digon o arian mi fedrwch chi ddweud fod eich Beibl bron gynnoch chi!"

Roedd Mari wedi'i chyffroi cymaint nes ei bod hi bron â methu â rhoi'r arian yn ôl yn y bocs. Dydyn ni ddim yn gwybod faint o arian oedd ganddi ynddo fe, na faint oedd pris y Beibl. Ond fe wyddon ni fod pawb yn y pentref yn gwybod am ymdrech Mari i gael Beibl, ac roedden nhw i gyd eisio'i helpu hi.

Pan aeth Mari i'r dosbarth y noson honno, fe sylwodd ei ffrindiau mor hapus roedd hi. Roedd yn hawdd i rai ddychmygu beth oedd wedi digwydd. Pan ddywedodd hi'r newydd wrth Mr. Hugh, roedd e'n falch iawn, ac fe roddodd e ychydig o arian iddi i'w roi yn ei bocs. Ar ôl y cyfarfod fe ddaeth rhai o'i ffrindiau ati i roi ychydig o geiniogau roedden nhw wedi'u cadw.

Wedi iddi hi fynd adref, fe gymrodd hi'r bocs i lawr o'r silff a chyfri'r arian. Wrth gwrs, roedd ganddi fwy nag o'r blaen, ond eto doedd hi ddim wedi cyrraedd yn hollol y swm roedd yn rhaid ei gael.

"O! mi fyddwn i mor falch," meddai Mari'n uchel wrth ei hun, "petawn i'n medru meddwl am rywbeth i'w wneud i gael yr ychydig mae'n rhaid i mi'i gael eto." Gyda'i phen yn ei dwylo, fe eisteddodd hi'n syllu ar y pentwr arian. Edrychodd Jacob a Moli Jones ar ei gilydd. Yna siaradodd y fam,

"Mae eich tad a finna wedi bod yn hel ychydig bach o arian hefyd, Mari fach. Dim ond darnau bychan o arian, cofiwch. Ond . . . yn y pwrs yma rydyn ni'n meddwl bod digon i chi allu cyrraedd y swm iawn. Rydyn ni wedi cadw'r arian yma i fod yn wobr i chi am ddal ati mor hir." Cusanodd Moli Jones ei merch wrth roi'r pwrs iddi, a gwasgodd Mari ei breichiau'n dynn am ei mam a'i thad.

"O! diolch i chi! Diolch yn fawr iawn i chi!" meddai Mari. "Rydych chi'n barod wedi rhoi llawer i mi. Ac wedi gadael i mi gadw beth wnes i ei ennill er bod gynnoch chi mor ychydig eich hunain. Fedra i ddim credu fod y gwaith caled a'r disgwyl hir i gyd drosodd." Fe sychodd hi'r dagrau ar ymyl ei llygaid gyda chefn ei llaw. "Y peth nesa i'w wneud ydy gweld Mr. Hugh, a gofyn os medar e drefnu i mi gael Beibl. Rydw i am fynd i'w weld e more fuan ag y medra i."

Ar y dydd Llun canlynol, diwrnod o wanwyn yn y flwyddyn 1800, fe aeth Mari Jones i ofyn i Mr. William Hugh lle y gallai hi brynu Beibl. Roedd Mr. Hugh yn falch iawn o ddeall fod Mari wedi hel digon o arian.

26

"Y lle agosaf i chi gael eich Beibl ydy'r Bala," meddai e. "Ond gan fod blywddyn er pan gafodd Mr. Thomas Charles barsel o Feiblau Cymraeg o Lundain, mae'n bosib does ganddo fe ddim un ar ôl."

Meddyliodd Mari am ennyd. "Ond hyd yn oed os nad oes ganddo fe Feibl i'w werthu i mi, mi fydd e'n debyg o wybod am rywun sy'n medru gwerthu un," meddai hi. "Rydw i'n meddwl os medra i fynd i weld Mr. Charles, fe wnaiff e gael Beibl i mi rywsut."

"Fy merch i, mae hi'n siwrne o ddau ddeg pump milltir i'r Bala," meddai Mr. Hugh. "Yn gynta, gwell i chi wneud yn siwr fod eich rhieni'n fodlon i chi fynd. Yna, os byddwch chi'n mynd, rhaid i chi alw yn nhŷ fy ffrind y Parchedig David Edwards. Mi fydd e'n fodlon iawn i chi aros dros nos yn ei gartre."

Diolchodd Mari i Mr. Hugh, gan ddweud ei bod hi'n sicr y byddai'i rhieni'n caniatau iddi fynd i'r Bala. Ac roedd hi'n sicr hefyd y byddai Mr. Charles yn cael Beibl iddi.

"Rydw i'n meddwl fod y Parchedig Thomas Charles yn ddyn mwy nag unrhyw frenin sydd wedi byw erioed," meddai hi. "Ac mae e'n ddoethach na Solomon. Fe fydd e'n gwybod ble i gael Beibl i mi."

Gwenodd Mr. Hugh, ac meddai, "Rydw i'n gobeithio na fydd y siwrne ddim yn rhy anodd i chi, Mari."

"Mi fydda i'n iawn," meddai hi'n hapus. "A'r tro nesa y gwela i chi, mi fydd fy Meibl gen i."

27

Pennod Chwech

Mae Mari'n Mynd Ar Siwrne

Wrth i Mari gerdded adref roedd hi'n meddwl o hyd am fynd i'r Bala. Ceisiodd ddychmygu beth fyddai'i thad a'i mam yn ei ddweud. Roedd hi'n tybio y bydden nhw'n caniatau iddi hi fynd. Yna dechreuodd hi deimlo'n llai sicr. Felly, am y rhan fwyaf o'r ffordd, roedd hi'n bryderus iawn.

Pan aeth hi i mewn i'r tŷ roedd yn rhaid iddi ddweud yn syth wrth ei thad a'i mam y cwbl a ddywedodd Mr. Hugh. Gwrandawodd ei rheini'n ofalus arni. Yna siaradodd ei mam,

"Fe wnaiff Duw sy'n gofalu bod yr adar yn cael bwyd, ofalu amdanoch chi hefyd, Mari fach. Ewch i'r Bala i weld Mr. Thomas Charles. Fe wn i y gwnaiff Duw eich bendithio chi."

Nodiodd Jacob Jones ei ben wrth wrando ar ei wraig. Gwenodd ar ei ferch. "Mae eich mam yn iawn. Mi fydd Duw yn siwr o edrych ar eich ôl chi."

Doedd gan Mari ddim amser i'w wastraffu. Penderfynodd y byddai'n mynd i'r Bala y diwrnod canlynol. Nid peth bach oedd cerdded taith mor bell ar ei phen ei hun, ac yn enwedig yr amser hynny. Roedd llawer o'r ffyrdd trwy'r mynyddoedd yn rhai drwg, ac yn unig iawn, ac yn aml yn beryglus pan fyddai lladron o gwmpas. Ond doedd ei rhieni ddim yn poeni am y peryglon. Roedden nhw'n credu'n

29

gryf y byddai Duw'n gofalu amdani hi. Felly, cyn i Mari eu gadael nhw'n gynnar y bore braf hwnnw, fe weddiodd Jacob a Moli Jones ar Dduw i gadw'i merch yn ddiogel ar y daith. Roedd Mr. Hugh wedi rhoi benthyg bag lledr i Mari, ac ynddo fe roddodd ei mam ddigon o fara a chaws am ddyddiau. Fe daflodd Mari'r bag dros ei hysgwydd, a chan gario'i chlocsau ar ei braich, fe ffarweliodd hi â'i rhieni.

Fe wyddai hi sut i fynd i'r Bala. Er hynny, unwaith neu ddwy fe gymrodd hi'r tro anghywir, a bu'n rhaid iddi gerdded rhai milltiroedd allan o'i ffordd. Ond doedd dim ofn arni, a doedd hi ddim yn teimlo'n unig.

30

Ar ôl iddi gerdded am ychydig oriau roedd arni eisio bwyd. Fe eisteddodd hi wrth ddŵr clir afon fach i fwyta'r bara a chaws. Wrth iddi hi fwyta, fe edrychodd hi ar yr awyr las a'r hen fynyddoedd llwyd o'i chwmpas. Roedd hi'n bell o'i chartref, ond teimlodd fod Duw yno gyda hi. A mwy na hynny, roedd hi'n sicr y byddai Duw'n gofalu am ei rhieni hefyd. Yno ar lan yr afon, fe ddiolchodd hi iddo am ei ddaioni mawr.

Wedi iddi blygu i yfed o'r afon, ac yna golchi'i hwyneb a'i dwylo, fe frysiodd hi ymlaen ar ei ffordd. Weithiau byddai'n cerdded heibio i dŷ neu fwthyn, ac weithiau fe welai un neu ddau i siarad gyda nhw. Fel arfer edrych yn syn braidd wnaeth y bobl wrth weld geneth ifanc ar ei phen ei hun yn camu mor benderfynol yn ei blaen. Ac fe holodd pawb bron lle roedd hi'n mynd.

"Wel wir!" meddai un hen wraig ar ôl clywed ateb Mari. "Yr holl ffordd i'r Bala i gael Beibl! Mae'n rhaid eich bod chi eisio un yn fawr iawn!"

"Mi rydw i," meddai Mari'n hapus, a bron heb arafu i siarad. "Fedra i ddim disgwyl i'w gael e. Mae'n debyg y gwelwch chi fi'n mynd heibio 'fory gyda Beibl yn y bag yma!"

Arhosodd yr hen wraig ar ymyl y ffordd yn gwylio'r ferch yn camu yn ei blaen. Gallai Mari'i gweld yn dal i sefyll yn llonydd ac yn edrych fel smotyn yn y pellter. Ond allai Mari ddim oedi gyda neb. Roedd yn rhaid iddi gyrraedd y Bala cyn iddi dywyllu. Ond

erbyn diwedd y prynhawn roedd hi wedi blino. Am
y tro cynta fe ddechreuodd amau a fyddai hi'n
cyrraedd y dref cyn nos. Roedd y bryniau mor serth,
a'r ffordd weithiau'n anodd cerdded arni.

O'r diwedd, a'r nos bron â dod, fe gyrhaeddodd
Mari dref y Bala. Wedi iddi ymolchi yn yr afon fach
ar ymyl y dref, fe roddodd hi'i chlocsau am ei thraed.
Wedyn y peth cynta i'w wneud oedd ffeindio cartref
y Parchedig David Edwards, ffrind Mr. Hugh. Yno
roedd hi'n gobeithio cael aros y noson honno. Fe
welodd hi wraig yn sefyll wrth ddrws ei thŷ, a

chafodd Mari wybod ganddi lle roedd cartref Mr. Edwards.

Wrth iddi guro ar ddrws y tŷ, ceisiodd Mari ddychmygu sut ddyn fyddai ffrind Mr. Hugh. Pan agorodd y drws fe welodd hi ddyn mawr gyda golwg garedig arno'n sefyll yno.

"Os gwelwch chi'n dda, syr," meddai Mari, "mae'r Parchedig William Hugh o Abergynolwyn yn ffrind i mi, ac i chithau hefyd—rydw i'n meddwl. Fy enw i ydy Mari Jones, ac rydw i wedi bod yn hel arian ers chwe blynedd i brynu Beibl. Fe gerddais i yma heddiw i weld y Parchedig Thomas Charles er mwyn prynu Beibl ganddo fe."

Roedd wyneb Mr. Edwards yn edrych fel petai e'n methu â chredu'i lygaid na'i glustiau. Fe edrychodd e ar Mari am ennyd heb ddweud gair. Yna meddai mewn llais tyner.

"Wel, fy ngeneth fach i, dewch i mewn ar unwaith i chi gael rhywbeth i'w fwyta. Wedyn mi fyddwch chi eisio noson dda o gwsg ar ôl yr holl gerdded yna!"

Doedd Mari erioed o'r blaen wedi bod mewn tŷ mor fawr gyda chymaint o ystafelloedd ynddo. Ond roedd pawb mor garedig wrthi, ac yn fuan fe deimlodd hi'n gartrefol yno. Roedd hi wedi blino cymaint nes y syrthiodd hi i gysgu bron yn syth wedi iddi hi gau'i llygaid. Ond nid cyn iddi ddiolch i Dduw am gael siwrne ddiogel, a gofyn iddo am ei help y diwrnod canlynol pan fyddai hi'n mynd i gael ei Beibl.

33

Pennod Saith

Cael Beibl O'r Diwedd

Fe ddeffrodd Mari'n gynnar ac edrychodd o'i chwmpas. Yn sydyn cofiodd ei bod hi yn y Bala—y lle roedd Mr. Charles yn byw. Ac yma'n disgwyl amdani roedd y Beibl y byddai hi'n ei brynu.

Er ei bod hi'n dal i fod yn dywyll, fedrai Mari ddim aros yn llonydd yn y gwely. Felly cododd, gwisgodd yn gyflym, ac aeth i lawr y grisiau'n ddistaw. Fe synnodd hi weld Mr. Edwards yno'n ei disgwyl. Fe gododd e'i ben oddi wrth y Beibl roedd e'n ei ddarllen, a gwenu arni.

34

"Mae hi'n gynnar iawn," meddai e. "Ond fe wn i fod Mr. Charles yn codi'n fore fel arfer. Fe allwn ni fynd yno i'w weld e'n syth nawr."

Wrth iddyn nhw gerdded trwy'r dref fe gafodd Mari wybod mwy am y Parchedig Thomas Charles.

"Fe fyddwch chi'n gallu gweld golau ystafell Mr. Charles yn fuan," meddai Mr. Edwards. "Mae e i lawr yn ei stydi ymhell cyn i'r rhan fwyaf o'r bobol ddeffro. Os bydd e'n gallu, mi fydd e'n siwr o roi Beibl i chi. Mae e'n ddyn caredig, ac yn enwedig gyda phobol ifanc. Ond mae'n bosib ei fod e wedi gwerthu pob copi oedd ganddo. Dyna'r unig beth sy'n fy mhoeni i."

Wrth i Mr. Edwards orffen siarad, fe welodd Mari dŷ gyda golau yn un o'r ffenestri. Fe aeth Mr. Edwards â hi at y drws a chnociodd e arno. Yn syth teimlodd Mari'i chalon yn curo'n gyflymach, ac roedd yna deimlad rhyfedd yn ei stumog. Meddyliodd fel roedd hi wedi cerded yr holl filltiroedd yno, ac fel roedd hi wedi disgwyl trwy'r blynyddoedd hir am ei Beibl. Ac nawr, o'r diwedd, dyma hi ar fin ei gael e . . . Ond eto, doedd hi ddim yn sicr y byddai hynny'n digwydd. Doedd hi ddim yn hollol sicr. Fedrai hi ddim dioddef meddwl am fynd yn ôl adref heb ei Beibl. Daeth ofn mawr sydyn drosti. Yna agorodd drws y tŷ. Yno'n sefyll ac yn gwenu arnyn nhw roedd y Parchedig Thomas Charles—y dyn enwog roedd hi wedi clywed cymaint o sôn amdano gan ei rheini a'i hathro ysgol Sul.

35

Gofynnodd Mr. Charles iddyn nhw ddod i mewn i'w stydi, ac eglurodd Mr. Edwards pam roedden nhw yno mor gynnar yn y bore.

"Felly rydych chi wedi cerdded dau ddeg pump o filltiroedd i gael Beibl," meddai Mr. Charles. "Mae Beiblau'n ddrud iawn, cofiwch. Dim ond pobol gyfoethog sy'n gallu fforddio'u prynu nhw." Roedd e'n gwenu wrth edrych ar Mari.

"O, fe wn i," meddai hi. "Fe fues i'n hel arian ers chwe blynedd i brynu un."

"Ac os byddech chi'n cael un, fyddech chi'n gallu'i ddarllen e?" gofynnodd Mr. Charles. Roedd e'n gwenu eto. "Does dim llawer o rai yr un oed â chi'n gallu darllen.'

"Mr. Charles," atebodd Mari'n bendant, "rydw i
wedi dysgu darllen yn un o'ch ysgolion chi. Rydw i
wedi disgwyl mor hir i gael fy Meibl fy hun. Oes
posib i chi adael i mi gael un, os gwelwch chi'n dda."
Dechreuodd hi chwilio yn ei bag. "A dyma'r arian,"
meddai hi gan roi'i phwrs iddo.

Roedd golwg boenus ar wyneb Mr. Charles wrth
iddo edrych heibio i Mari ac ar Mr. Edwards.

"Dafydd, mae'r eneth ifanc yma wedi cerdded
mor bell i brynu Beibl, a does gen i ddim un i'w roi
iddi . . ." Teimlodd Mari'r dagrau'n neidio i'w
llygaid. Fe glywodd hi lais Mr. Charles yn mynd
ymlaen. "Mae'r Beiblau a ddaeth o Lundain i gyd
ond un wedi'u gwerthu, ac fe wnes i addo cadw
hwnnw i ffrind i mi. Does gen i ddim syniad pryd y
daw mwy ohonyn nhw. Alla i ddim diodde meddwl
am Gymru heb ddigon o Feiblau Cymraeg."

Teimlai Mari fel petai hi wedi'i rhewi. Oedd hi
wedi clywed yn gywir? Ddeallodd hi'n iawn? Dyma
hi wedi cyrraedd tŷ'r Parchedig Thomas Charles a'r
arian i gyd ganddi. Ond doedd yna ddim Beibl iddi!
Rhedodd y dagrau i lawr ei bochau, a thorrodd hi i
grio cymaint nes bod ei chorff i gyd yn ysgwyd.
Gwyliodd y ddau ddyn hi heb ddweud gair, ond yn
teimlo'i thristwch mawr a'i siom enbyd yn effeithio
arnyn nhw. Yna siaradodd Mr. Charles yn dyner,

"Mari . . . gwrandewch. Fe gewch chi'r Beibl
rydw i wedi'i addo i fy ffrind. Beibl Cymraeg ydy e,
ond mae fy ffrind yn gallu darllen Saesneg. Fe alla i

adael iddo fe gael Beibl Saesneg tra bydd e'n disgwyl am un Cymraeg."

Dechreuodd Mari sychu'i dagrau wrth iddi wylio Mr. Charles yn mynd at ei ddesg, ac yn codi Beibl a'i gynnig e iddi hi.

"Cymrwch y llyfr mawr rhyfeddol yma, Mari," meddai e'n araf. "Cymrwch e, a darllenwch e'n ofalus. Darllenwch e a gweddiwch wrth ei ddarllen. Dysgwch adnodau ohono, a chofiwch nhw am byth. Gobeithio y bydd Duw yn eich helpu i ddeall wrth i chi ddarllen."

Fedrai'r ferch ddim credu fod y siom ofnadwy wedi newid mor gyflym i fod yn llawenydd. Am eiliad symudodd hi mo'i llaw i gymryd y Beibl. Yna cydiodd yn dynn ynddo a'i wasgu i'w mynwes.

"Mae Duw wedi ateb fy ngweddi i," meddai hi'n dawel. Fe deimlodd hi hapusrwydd nawr yn llenwi'i chalon a'i meddwl. Diolchodd hi i Mr. Charles drosodd a throsodd am y Beibl. A diolchodd iddo am drefnu'r ysgol lle y dysgodd hi ddarllen.

Gosododd Mr. Charles ei law yn dyner ar ei hys-gwydd. "Mari, gweddiwch dros bobol Cymru, fel y byddan nhw'n cael digon o Feiblau yn eu hiaith eu hunain yn fuan."

Wedi i Mari a Mr. Edwards ffarwelio â Mr. Thomas Charles, fe aeth y ddau'n ôl i dŷ Mr. Edwards. Ar ôl cael brecwast yno, diolchodd Mari i'r dyn caredig am bopeth wnaeth e i'w helpu hi i gael y Beibl. Yna, gyda'r llyfr mawr gwerthfawr wedi'i roi'n ofalus yn y bag lledr, fe gychwynnodd Mari gerdded adref.

Wrth iddi gyrraedd ymyl tref y Bala, fe dynnodd hi'i chlocsau. Roedd arni eisio brysio adref, felly dechreuodd redeg yn gyflym. Cyn hir fe gollodd ei gwynt ac eisteddodd i orffwys ar ochr y ffordd. Roedd hyn yn gyfle iddi edrych ar ei Beibl. Tynnodd e o'r bag a darllenodd ychydig o adnodau. Roedd hi wedi digwydd agor y llyfr yn Efengyl Marc. Darllenodd hi'r bennod gynta drwyddi. Yna penderfynodd y byddai hi'n dysgu pob adnod ohoni cyn cyrraedd adref.

Roedd y daith adref yn ymddangos yn llawer cyflymach i Mari na'r un i'r Bala. Wrth gwrs, roedd hi ar frys mawr i gael dangos ei Beibl i'w rhieni. Roedd ei meddwl yn llawn o'r pethau welodd hi ac a glywodd hi, a dychmygodd fel y byddai'i thad a'i mam yn gwrando'n astud ar ei hanesion i gyd.

Wrth iddi nesau at ei phentref, fe welodd fod yna bobl wedi dod allan ar y ffordd i'w chyfarfod. Roedd yn amlwg fod ei rhieni a rhai o'r cymdogion yn awyddus i'w gweld hi'n cyrraedd yn ôl yn ddiogel. Teimlodd Mari fel gweiddi i ddweud wrthyn nhw fod popeth yn iawn—fod y Beibl mawr ganddi. Ond roedden nhw'n dal i fod yn rhy bell iddyn nhw fedru'i chlywed hi. Felly fe redodd Mari gan chwifio'i chlocsau uwch ei phen i ddangos mor hapus oedd hi. Fe welson nhw'r clocsau'n chwifio, a deall, a dyma nhw hefyd yn rhedeg i'w chyfarfod hi.

Pan agorodd Mari'r bag lledr i ddangos ei Beibl i'w rhieni a'r cymdogion, roedden nhw mor hapus fel bod pobl a phlant yn chwerthin a chanu a neidio a dawnsio. Wedyn dyma nhw i gyd yn torri i ganu'r emyn

        "I Dad y trugareddau i gyd

          Rhown foliant, holl drigolion byd";

gyda'r fath egni nes bod eu lleisiau i'w clywed ar bennau'r bryniau o'u hamgylch.

Pennod Wyth

Beiblau I Bawb

Fe ddaeth Mari Jones a'i Beibl yn enwog. Mae miliynau o bobl trwy'r blynyddoedd wedi clywed am ei hanes yn casglu arian i brynu Beibl a'i thaith i'r Bala. Ond nid Mari oedd yr unig un a oedd eisio cael Beibl yn fawr iawn. Roedd llawer o'r bobl ifanc, a ddysgodd i ddarllen yn ysgolion Thomas Charles, wedi cerdded milltiroedd er mwyn cael benthyg Beibl Cymraeg i'w ddarllen.

Wrth i Mr. Charles deithio'r wlad fe ffeindiodd ym mhobman fod Beiblau Cymraeg yn brin iawn ac yn ddrud. Y rheswm am hyn oedd bod y printio yn gostus ac yn cymryd amser hir.

Yn 1799 cafodd deng mil o Feiblau a dwy fil o Destamentau eu printio yn Gymraeg. Doedd hyn ddim yn ddigon i hyd yn oed chwarter y bobl oedd eisio eu cael. Yna tua 1800 dywedodd yr un oedd yn eu printio nhw nad oedd am wneud ychwaneg. Yr adeg yma y ceisiodd Mr. Charles ffeindio ffordd i gael Beiblau Cymraeg yn rhad, a chael digon ohonyn nhw.

Aeth i Lundain i siarad am hyn wrth grwp o ddynion da a ddaeth at ei gilydd i geisio trefnu sut i gael digon o Feiblau i bobl Cymru. Erbyn dechrau'r flwyddyn 1804 roedd nifer o ddynion pwysig wedi cyfarfod i ffurfio Cymdeithas i ofalu am brintio a

42

gwerthu Beiblau Cymraeg. Fe ddywedodd hyd yn oed y Brenin Sior III ei fod yn dymuno i bob plentyn yn ei ymerodraeth gael ei ddysgu i ddarllen y Beibl.

Ar Fawrth 7fed 1804, daeth tua thri chant o bobl i gyfarfod a gafodd ei gynnal yn Llundain. Siaradodd nifer o ddynion am yr angen mawr am Feiblau. Doedden nhw ddim yn poeni am Brydain yn unig, ond am Ewrop ac am y byd i gyd. Oherwydd y cyfarfod hwnnw fe gafodd Cymdeithas y Beiblau ei chychwyn.

Yn y flwyddyn 1804 dim ond mewn saith deg o ieithoedd y gallech chi ddarllen hyd yn oed darnau o'r Beibl. Ieithoedd Ewrop oedd y rhan fwyaf ohonyn nhw. Erbyn heddiw mae'b bosib darllen y Beibl—neu rannau ohono—mewn mil chwe chant a thri deg o ieithoedd.

Ym mis Gorffennaf 1806, dwy flynedd wedi i Gymdeithas y Beiblau ddechrau ar ei gwaith, fe gafodd deng mil o gopiau Cymraeg o'r Testament Newydd eu hanfon i Gymru. Ymhen dwy flynedd arall roedd dau ddeg mil o Feiblau a thri deg mil o gopiau o'r Testament Newydd wedi'u printio yn Gymraeg. Ac yn ystod y deng mlynedd canlynol roedd tua un deg un mil o gopiau Cymraeg o'r Beibl neu'r Testament Newydd yn cyrraedd pobl Cymru bob blwyddyn.

Mae'n ffaith bellach bod gwaith Cymdeithas y Beiblau wedi tyfu'n hynod o fawr, a bod pum deg naw o Gymdeithasau Beiblaidd newydd wedi cael eu ffurfio mewn gwledydd eraill. Maen nhw'n aelodau o'r Cymdeithasau Beiblaidd Unedig, a'u gwaith nhw ydy gweld bod Beiblau ar gael i bawb yn eu hiaith eu hunain, ac yn ddigon rhad i'w prynu. Mae Beiblau'n cael eu hanfon heddiw i fwy na chant a hanner o wahanol wledydd.

Dyma rai o'r ieithoedd mae'r Cymdeithasau Beiblaidd wedi cyfieithu'r Beibl iddyn nhw.

WELSH.

Canys felly y carodd Duw y byd fel y rhoddodd efe ei unig-anedig Fab, fel na choller pwy bynnag a gredo ynddo ef, ond caffael ohono fywyd tragwyddol.

KOREAN.

하나님이 세상을
이처럼 사랑하사
독생자를 주셨으니
이는 저를 믿는
자마다 멸망치
않고 영생을 얻게
하려 하심이 니라

GUJARATI : Parsi.

કેમકે ખોદાએ દુનીઆ પર એવા પીઆર કીધી કે તેણે પોતાનો એકાકીજનીત બેટો એ વાસતે આપીઓ કે, જે કોઈ તેના ઉપર એતકાદ લાવે તે હલાક ન થાએ, પણ હમેરાંની ઝંદગી પામે.

44